Vivir y trabajar en el espacio

Nicole Sipe

T0027055

※ Smithsonian

Autora contribuyente

Alison Duarte

Asesoras

Cathleen Lewis, Ph.D.
Curadora de programas espaciales internacionales y trajes espaciales
Smithsonian's National Air and Space Museum

Stephanie Anastasopoulos, M.Ed.
TOSA, Integración de CTRIAM
Distrito Escolar de Solana Beach

Créditos de publicación

Rachelle Cracchiolo, M.S.Ed., *Editora*
Diana Kenney, M.A.Ed., NBCT, *Realizadora de la serie*
Véronique Bos, *Directora creativa*
Caroline Gasca, M.S.Ed., *Gerenta general de contenido*
Smithsonian Science Education Center

Créditos de imágenes: portada, págs.2–3, pág.4, pág.5 (todas), pág.6, pág.7 (inferior), pág.8, pág.9, pág.10, pág.11 (todas), pág.12 (todas), pág.13 (todas), pág.14 (todas), pág.15, págs.16–17, pág.16 (izquierda), pág.18, pág.19, pág.20, pág.21 (superior), pág.22, pág.23 (derecha), pág.24 (todas), pág.25, pág.26 (todas), pág.28, pág.31, pág.32 (todas) NASA; contraportada © Smithsonian; pág.7 (superior) European Space Agency; pág.23 (izquierda) Mark Williamson/Science Source; todas las demás imágenes cortesía de iStock y/o Shutterstock.

Library of Congress Cataloging-in-Publication Data

Names: Sipe, Nicole, author. | Smithsonian Institution, editor.
Title: Vivir y trabajar en el espacio / Nicole Sipe.
Other titles: Living and working in space. Spanish
Description: Huntington Beach, CA : Teacher Created Materials, [2022] |
  Translation of: Living and working in space. | Audience: Grades 4-6 |
  Summary: "What is it like to eat, sleep, and work in space? Learn about
  the wonders and challenges of living in a space station orbiting Earth.
  Discover how astronauts function in a challenging situation that
  includes weightlessness, cramped quarters, and zero privacy"-- Provided
  by publisher.
Identifiers: LCCN 2021049506 (print) | LCCN 2021049507 (ebook) | ISBN
  9781087644493 (paperback) | ISBN 9781087644967 (epub)
Subjects: LCSH: Space stations--Juvenile literature. | Space
  environment--Juvenile literature. | Manned space flight--Juvenile
  literature. | Outer space--Exploration--Juvenile literature.
Classification: LCC TL797.15 .S5718 2022 (print) | LCC TL797.15 (ebook) |
  DDC 629.44/2--dc23/eng/20211103

Teacher Created Materials

5301 Oceanus Drive
Huntington Beach, CA 92649-1030
www.tcmpub.com
ISBN 978-1-0876-4449-3

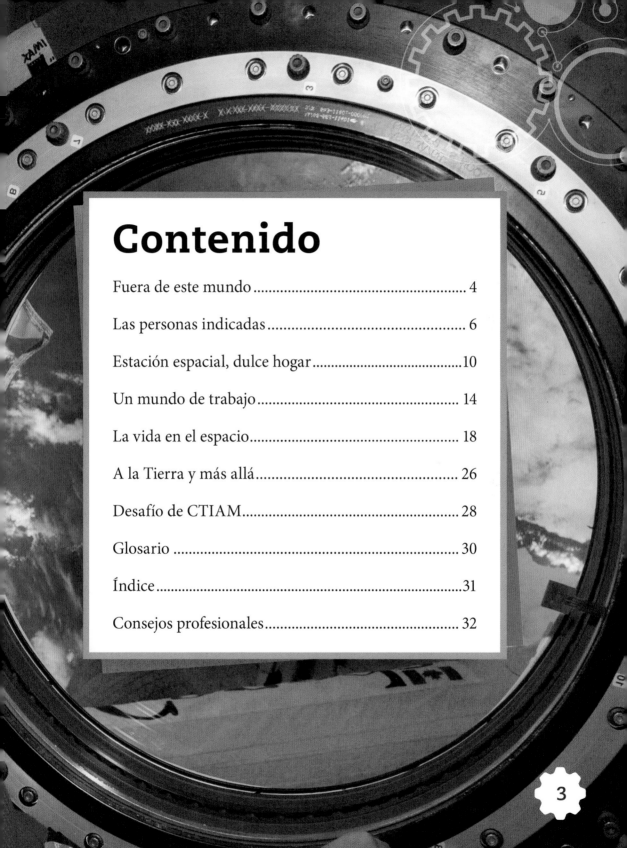

Contenido

Fuera de este mundo

Tu alarma se enciende, con esa música tan familiar que usas para despertarte. Abres los ojos, bostezas y te desperezas. Es hora de empezar un nuevo día.

Sales de tu saco de dormir y flotas hacia el baño. Tomas tu cepillo de dientes, el dentífrico y una pequeña bolsa de agua que está adherida a la pared con Velcro®. Aprietas la bolsa y sale un poco de agua, pero lentamente flota y se aleja de ti.

"¡Otra vez, no!", exclamas. Por suerte, la gotita rebelde no llega muy lejos. La atrapas y ves cómo se escurre entre las cerdas del cepillo de dientes. ¡Al fin! Con mucho cuidado, colocas un poco de dentífrico en tu cepillo. Se queda ahí. ¡Bien! Tal vez, solo tal vez, estés empezando a tomarle la mano a esto de la microgravedad.

El astronauta Clayton Anderson observa cómo flota una gota de agua.

Que el agua flote (y que todo flote) es solo uno de los muchos problemas que los astronautas enfrentan cuando viven y trabajan en el espacio. ¡A cientos de kilómetros de la Tierra, las cosas funcionan un poco (a veces muy) diferente!

Los primeros astronautas se quedaban poco tiempo en el espacio para explorar y hacer experimentos. Pero ahora, los científicos tienen la tecnología necesaria para enviar a los astronautas al espacio por más de un año. Los astronautas tienen todo lo que necesitan para vivir y trabajar en el espacio.

La astronauta Samantha Cristoforetti bebe alimento envasado.

La ingeniera de vuelo Karen Nyberg muestra cómo flotan las frutas.

Los astronautas son hasta 5 centímetros (2 pulgadas) más altos en el espacio, porque la gravedad no ejerce tanta presión en su columna vertebral.

Las personas indicadas

Hay un viejo dicho: "Es un trabajo difícil, pero alguien tiene que hacerlo". Puede aplicarse a vivir y trabajar en el espacio. Vivir en el espacio puede parecerte un sueño hecho realidad. ¿A quién no le gustaría tomar el desayuno mientras flota a 385 kilómetros (240 millas) de la Tierra? Pero vivir en el espacio es mucho trabajo. Una persona puede necesitar hasta dos años de entrenamiento y ejercicios físicos para prepararse para esa importante tarea.

Los hombres y las mujeres que entrenan para convertirse en astronautas se llaman aspirantes a astronautas. Muchas personas se postulan para ese puesto tan codiciado, o deseado. Muy pocas son escogidas. ¿Cuántas? La última vez que se convocó a aspirantes para el puesto de astronauta, se presentaron más de 18,000 personas, pero solo 12 fueron escogidas. ¡Es una probabilidad muy baja!

Los aspirantes que son seleccionados para trabajar como astronautas son los mejores de los mejores en su área. Han estudiado diferentes carreras. Algunos trabajan como maestros, ingenieros, científicos o médicos antes de convertirse en astronautas. Sin embargo, para que los escojan, todos deben tener un título universitario en ciencias, tecnología, ingeniería o matemáticas.

La NASA es la agencia del gobierno de Estados Unidos que lleva adelante el programa espacial del país. Su nombre es la sigla en inglés de la Administración Nacional de Aeronáutica y del Espacio.

Una aspirante a astronauta atraviesa una cueva para adaptarse a las estrechas condiciones de vida en el espacio.

El astronauta Reid Wiseman practica cómo usar las herramientas antes de ir al espacio.

Hora de entrenar

Los aspirantes a astronautas entrenan en el Centro Espacial Johnson de la NASA, ubicado en Houston, Texas. Toman clases para aprender todo lo que necesitan saber para realizar misiones en el espacio. Aprenden todo acerca de los transbordadores en los que viajarán y la estación espacial en la que vivirán.

Los aspirantes también toman clases de ruso. Eso los ayuda a comunicarse con sus colegas de Rusia. También toman clases para saber qué hacer durante una emergencia.

Los aspirantes a astronautas practican cómo manejarse en condiciones de baja gravedad. Pero ¿cómo se puede practicar eso en la Tierra? La respuesta está bajo el agua. Los aspirantes toman lecciones de buceo y hacen muchos trabajos en un tanque profundo que se conoce como Laboratorio de **Flotabilidad** Neutra (NBL, por sus siglas en inglés). La sensación que se siente al estar en el tanque es muy parecida a estar en el espacio, donde hay muy poca gravedad. Bajo el agua, el cuerpo se siente más liviano. Es fácil mover objetos pesados. Lo mismo sucede en el espacio. Todas las tareas que hay que hacer en el espacio primero se practican varias veces en el NBL.

Otra manera de preparar el cuerpo para el espacio es pasar tiempo en un avión especial llamado Weightless Wonder. Ese avión se eleva y cae en picada. Eso les permite a quienes están su interior sentir la falta de gravedad durante 20 a 30 segundos cada vez. Muchas personas se descomponen mientras están en el avión, por lo que se ganó el apodo "Cometa del Vómito". ¡Hasta los astronautas más experimentados pueden lanzar su almuerzo!

Los aspirantes a astronautas experimentan la falta de gravedad en el Weightless Wonder.

MATEMÁTICAS

parábola

Un viaje agitado

El Weightless Wonder vuela en una serie de parábolas, o curvas. Eso les da a los pasajeros la sensación de que no hay gravedad. Para crear la parábola, el avión sube hacia el cielo en un ángulo empinado y luego baja rápidamente, una y otra vez. Cuando el avión baja, los pasajeros sienten la falta de gravedad. Es una sensación similar a la que se siente al conducir por una carretera de montaña, ¡pero mucho más extrema!

Estación espacial, dulce hogar

El entrenamiento ha terminado. Los astronautas están lo más preparados posible. Se lanzan al espacio. Pero ¿adónde van? Se dirigen a su hogar lejos del hogar: la Estación Espacial Internacional (EEI).

La EEI es como una vivienda y un laboratorio flotante gigante. Orbita a 385 km (240 mi) de la Tierra. Allí es donde los astronautas comen, duermen, trabajan y viven mientras están en el espacio.

En la EEI, hay áreas de trabajo y un laboratorio para hacer experimentos. También hay un área donde los astronautas pasan el tiempo cuando no están trabajando. Esa área tiene aproximadamente el tamaño de una casa de cinco habitaciones. Tiene dos baños y un gimnasio para hacer ejercicio. La EEI puede parecer espaciosa, pero eso depende de cuántas personas estén a bordo. Puede haber hasta 10 personas en la EEI cuando hay un transbordador estacionado allí.

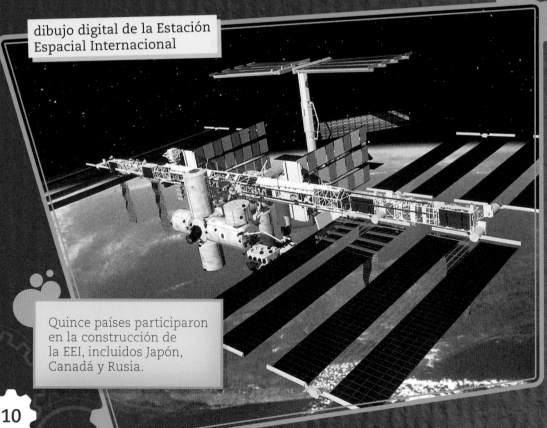

dibujo digital de la Estación Espacial Internacional

Quince países participaron en la construcción de la EEI, incluidos Japón, Canadá y Rusia.

Una de las partes de la EEI que más les gusta a los astronautas es la Cúpula: una bóveda con siete ventanas por las que se ve todo lo que hay alrededor. Allí los astronautas disfrutan de unas vistas que en verdad parecen de otro mundo. En la EEI, los astronautas pueden ver en persona cosas que nadie más ve en toda su vida. Por ejemplo, como la EEI da una vuelta completa alrededor de la Tierra cada 90 minutos, ¡pueden ver la salida y la puesta del sol 16 veces por día!

La ingeniera de vuelo Cady Coleman juega con sus flautas en la Cúpula.

las ventanas tal como se ven desde el exterior de la Cúpula

Hay personas viviendo en la EEI todos los días desde el año 2000. Los astronautas van y vienen. Por lo general, se quedan allí seis meses. Luego, regresan a la Tierra.

Los astronautas no necesitan muchas cosas para vivir en el espacio. Pero hay algo muy importante que sí necesitan: **oxígeno**. Lo necesitan para respirar. Pero en el espacio hay muy poco oxígeno respirable. Por suerte, la estación espacial les brinda a los astronautas el tipo de aire que necesitan para vivir. Los astronautas también pueden crear oxígeno a partir de agua.

Una parte del agua que se usa en la EEI se envía desde la Tierra. Pero gran parte del agua se **recicla**, se limpia y se vuelve a usar una y otra vez. Esto incluye el agua que los astronautas beben y usan para lavarse, y también cada gotita que proviene de la transpiración, la respiración y la orina de los astronautas. El agua puede reciclarse y reutilizarse, o bien se puede usar para crear oxígeno para los astronautas.

retrete

gestión de residuos

reciclado de orina

proceso de limpieza del agua

el astronauta Jeffrey Williams con una unidad de recuperación de orina

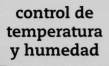

control de temperatura y humedad

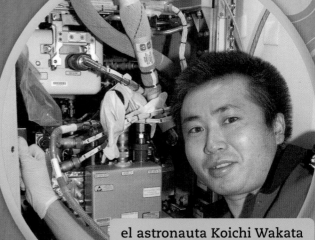

el astronauta Koichi Wakata con un generador de oxígeno

oxígeno creado a partir del agua

sistema de reciclado de la EEI

la tripulación usando el oxígeno

oxígeno que se bombea hacia la cabina

TECNOLOGÍA

Respirar bien

Reciclar agua para crear oxígeno no es un método nuevo. Esa misma tecnología se usa en los submarinos desde hace muchos años. Los submarinos tienen máquinas que usan la **electrólisis** para descomponer el agua en sus moléculas, o partes. Los nuevos gases que se obtienen se usan para que la tripulación respire. Los submarinos, sin embargo, tienen más acceso al agua que una estación espacial. Por eso usan el agua del océano para crear aire respirable.

Un mundo de trabajo

Los astronautas van al espacio por razones específicas. Viajan para hacer investigaciones y experimentos. La EEI fue creada para que pueda servir como laboratorio. Allí, los astronautas pueden trabajar en un entorno que no existe en la Tierra. Algunas cosas, como la microgravedad, solo existen en el espacio. Además, en el espacio las cosas están expuestas al frío y al calor extremos, y también a altos niveles de **radiación**. Mientras están en el espacio, los astronautas pueden aprender mucho debido a esas condiciones.

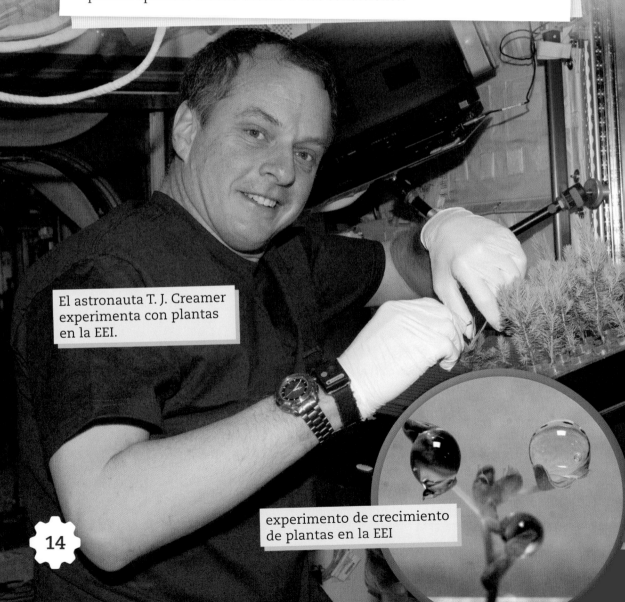

El astronauta T. J. Creamer experimenta con plantas en la EEI.

experimento de crecimiento de plantas en la EEI

Entonces ¿qué clase de experimentos se realizan en el espacio? Si estuvieras a bordo de la estación espacial, podrías ver que suceden muchas cosas. Tal vez verías a los astronautas trabajando con fuego para ver cómo se comportan las llamas en el espacio. Quizá los verías estudiar plantas, ratones o peces para saber de qué manera la baja gravedad afecta a los seres vivos.

Los astronautas mismos también son parte de los experimentos. Constantemente controlan su estado de salud mientras están en el espacio. Los científicos quieren aprender cómo afecta al cuerpo humano vivir en el espacio. ¿Cómo cambia un cuerpo en el espacio? ¿Cuáles son los riesgos de estar allí? Las respuestas a esas preguntas ayudarán a los astronautas y a las misiones espaciales en el futuro.

La astronauta Karen Nyberg examina el estado de sus ojos en la EEI.

La EEI es el tercer objeto más brillante del cielo nocturno, después de la Luna.

El astronauta Roberto Vittori usa su traje de aterrizaje.

Trajes espaciales

Los astronautas usan trajes espaciales de color, por lo general anaranjados, durante el despegue y el aterrizaje. Usan trajes blancos cuando hacen **caminatas espaciales**. No es simplemente una moda, sino que los dos colores tienen fines prácticos. El traje anaranjado es por seguridad, ya que es brillante y se ve con facilidad en una emergencia. El traje blanco refleja los fuertes rayos del sol y evita que los astronautas tengan demasiado calor.

Trabajar en el espacio también implica cuidar la estación espacial. La tripulación controla con frecuencia los sistemas, los filtros de aire y las computadoras de la estación. Si hay que reparar algo, alguno de los astronautas que están a bordo debe encargarse de hacerlo.

Muchas veces hay que reparar o reemplazar algo que está en el exterior de la estación espacial. Cuando eso sucede, los astronautas realizan caminatas espaciales para hacer las reparaciones. Pero no pueden simplemente abrir la puerta y salir. ¡En el espacio no hay aire! Por eso, los astronautas se colocan un traje antes de salir de la estación. Dentro del traje espacial hay oxígeno puro, que los astronautas necesitan para sobrevivir.

Los astronautas deben seguir una serie de pasos antes de hacer las caminatas espaciales. Deben ponerse el traje varias horas antes de salir de la estación espacial. En ese tiempo, el traje se llena de oxígeno puro. Mientras respiran, los astronautas hacen algunos ejercicios y mueven el cuerpo. Eso elimina el **nitrógeno** del cuerpo de los astronautas. Si los astronautas no siguieran esos pasos antes de salir a caminar por el espacio, se les podrían formar burbujas de gas muy dolorosas. Ese problema se conoce como síndrome de descompresión.

Las caminatas espaciales pueden durar hasta ocho horas. Durante una caminata espacial, los astronautas no pueden comer. ¡No hay lugar para llevar comida en los trajes! Pero si los astronautas tienen sed, pueden beber agua con pequeñas pajillas unidas a unos envases que llevan atados al pecho.

Los especialistas de misión David Wolf y Piers J. Sellers realizan una caminata espacial afuera de la EEI.

La vida en el espacio

¿Cómo es un día típico en el espacio? Tal vez te sorprendería saber que la vida diaria de los astronautas en el espacio no es muy diferente de la vida en la Tierra: los astronautas se levantan, se lavan y se visten. Comen, se ejercitan, descansan, trabajan y duermen. Y vuelven a hacer lo mismo al día siguiente. Sin embargo, lo que es poco común es el lugar y la forma en que hacen todo.

Los astronautas enfrentan desafíos increíbles en el espacio. La falta de gravedad, los espacios reducidos y el hecho de estar lejos de la Tierra cambian la manera de vivir y trabajar.

Dormir en el espacio

Los astronautas duermen en sacos de dormir que están amarrados a las paredes de un área pequeña, la cabina de la tripulación. Los sacos se sujetan para evitar que los astronautas floten por toda la estación espacial mientras descansan. En el espacio no hay arriba ni abajo, así que los astronautas pueden dormir en la dirección que quieran. Para evitar que los brazos y las piernas floten mientras duermen, los sujetan a los sacos de dormir.

En el espacio tampoco existen la mañana ni la noche. Eso hace que sea muy difícil dormir en el espacio, porque las personas están programadas para dormir cuando oscurece y estar despiertas cuando hay luz. Los astronautas pueden tardar varios días e incluso semanas en adaptarse a dormir en la estación espacial. Irse a dormir y levantarse todos los días a la misma hora puede ayudarlos a adaptarse. ¡Igual que los niños, los astronautas tienen un horario para ir a la cama!

El astronauta Koichi Wakata duerme atado a un saco de dormir.

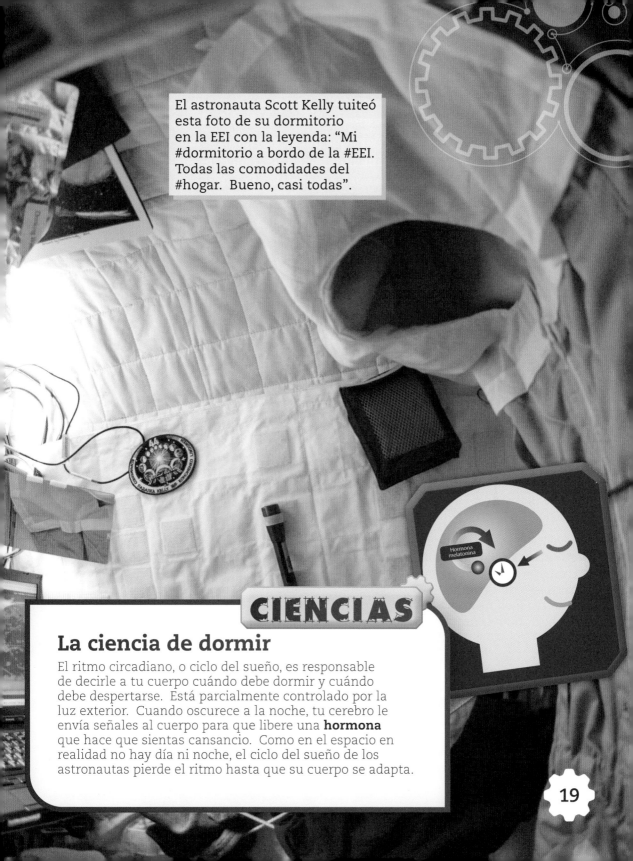

El astronauta Scott Kelly tuiteó esta foto de su dormitorio en la EEI con la leyenda: "Mi #dormitorio a bordo de la #EEI. Todas las comodidades del #hogar. Bueno, casi todas".

Hormona melatonina

CIENCIAS

La ciencia de dormir

El ritmo circadiano, o ciclo del sueño, es responsable de decirle a tu cuerpo cuándo debe dormir y cuándo debe despertarse. Está parcialmente controlado por la luz exterior. Cuando oscurece a la noche, tu cerebro le envía señales al cuerpo para que libere una **hormona** que hace que sientas cansancio. Como en el espacio en realidad no hay día ni noche, el ciclo del sueño de los astronautas pierde el ritmo hasta que su cuerpo se adapta.

Comer en órbita

En el espacio no hay repartidores de pizza, así que los astronautas deben llevar su propia comida en sus viajes. Los científicos han creado varias maneras de empaquetar la comida para que pueda consumirse muchos meses después. También tienen que ser alimentos fáciles de comer en condiciones de baja gravedad. En los primeros vuelos espaciales, la comida no era muy agradable. Eran cubos de comida recubiertos de gelatina y jugo de manzana en tubos que había que apretar. No eran precisamente delicias que hicieran agua la boca.

Afortunadamente, los alimentos espaciales han mejorado. Los astronautas que están en el espacio comen muchas de las cosas que comemos en la Tierra. La diferencia es que su comida está envasada al vacío y empaquetada en bandejas. Para envasar la comida al vacío, se coloca en una bolsa a la que se le succiona todo el aire antes de sellarla. Gracias a ese método, los astronautas pueden seguir disfrutando de comidas como tacos y cóctel de camarones. El único límite es que los alimentos no deben dejar migas. ¡Las migas podrían dañar los equipos!

Los astronautas también cuentan con una amplia variedad de bebidas. Pueden escoger entre bolsas deshidratadas de limonada, café, té y jugo. Solo tienen que agregar agua por unos tubos para que el polvo se convierta en líquido.

Comer en condiciones de microgravedad es toda una aventura. Para que la comida no salga flotando, los astronautas se sujetan las bandejas a la falda o las atan a las paredes.

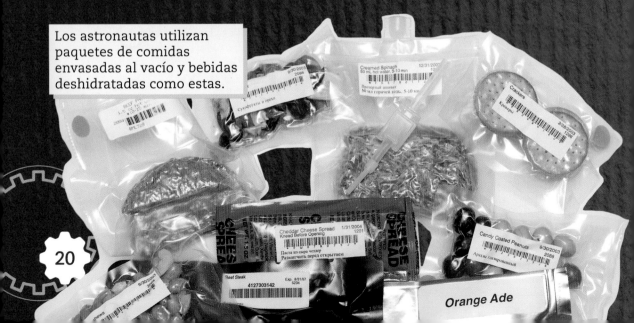

Los astronautas utilizan paquetes de comidas envasadas al vacío y bebidas deshidratadas como estas.

Los astronautas de la EEI
preparan su almuerzo.

INGENIERÍA

Comer como un astronauta

Los alimentos congelados y luego deshidratados
son otra forma de conservar la comida
para usarla en el espacio. Para eso, la
comida se congela y luego se convierte el
hielo en un gas. De esa forma, se elimina
toda la humedad y la comida se conserva
por mucho tiempo. Ese tipo de alimentos
no solo se usan en el espacio. Puedes
encontrarlos en las tienda de comestibles,
como las fresas deshidratadas que vienen
en las cajas de cereales para el desayuno.

21

Mantener la limpieza

Una buena higiene es importante para todos, incluso para los astronautas. Algunos dirían que es *especialmente* importante para los astronautas, que están en espacios cerrados y pequeños todo el día, todos los días.

En el espacio, mantenerse limpio es más difícil que en la Tierra debido a la microgravedad. Los astronautas no pueden abrir el grifo y lavarse los manos. ¡Si lo hicieran, todas las gotas de agua flotarían a su alrededor! Si bien eso sería algo espectacular para ver, no los ayudaría a limpiarse. Los astronautas deben hacer algunos ajustes cuando están en el espacio.

Para lavarse el cabello, los astronautas usan un champú especial que no necesita enjuague. Para lavarse el cuerpo, usan toallas húmedas. Toda la humedad adicional de su "baño" es absorbida por una manguera. El agua se recicla y luego se usa como agua potable.

El astronauta Michael Fossum se lava el cabello en la EEI.

Los astronautas no pueden lavar la ropa sucia, así que la lanzan a la atmósfera de la Tierra, donde se quema.

Lavarse los dientes en el espacio es casi como en la Tierra, excepto que los astronautas usan un dentífrico especial que pueden tragar. Los astronautas también pueden afeitarse en el espacio. Toda el agua que sobra en esa tarea se recicla para usarla como agua potable.

Cuando los astronautas tienen que usar el baño, primero se sujetan a un pequeño retrete para mantenerse en el lugar. El retrete tiene sujeciones para las piernas, que evitan que se levanten y floten mientras los astronautas están sentados allí. El retrete actúa como una aspiradora que succiona los desechos hacia un tanque. La orina se recoge y se recicla para usarla después como... sí, como agua potable. Y bien, ¿quién tiene ganas de saborear una deliciosa bebida a bordo de la EEI?

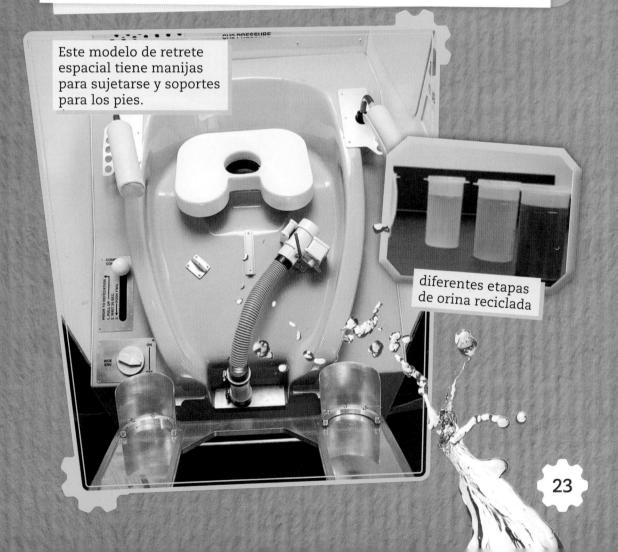

Este modelo de retrete espacial tiene manijas para sujetarse y soportes para los pies.

diferentes etapas de orina reciclada

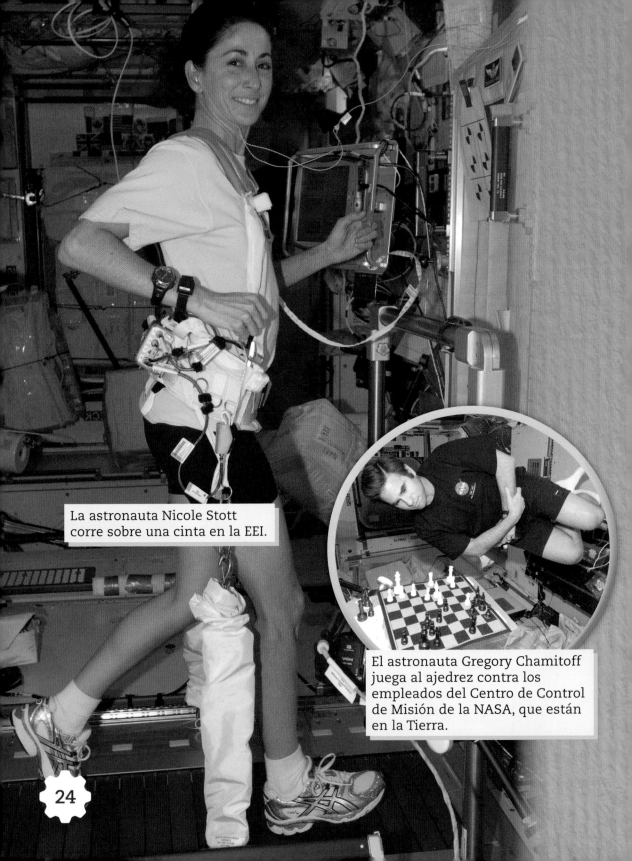

La astronauta Nicole Stott corre sobre una cinta en la EEI.

El astronauta Gregory Chamitoff juega al ajedrez contra los empleados del Centro de Control de Misión de la NASA, que están en la Tierra.

¡A hacer ejercicio!

Los astronautas se ejercitan al menos dos horas al día mientras están en el espacio. Pero no es que quieran verse en forma cuando regresen a la Tierra. Tratan de evitar la pérdida de músculo y hueso que sufre el cuerpo en el espacio. Los viajes espaciales y la microgravedad no son buenos para el cuerpo. Hacer ejercicio mantiene fuertes los músculos y los huesos.

En la estación espacial hay un pequeño gimnasio con una cinta para correr, una bicicleta fija y un aparato de pesas. Para no salir flotando, los astronautas se atan a los equipos cuando entrenan. Mientras se ejercitan, unos médicos en la Tierra los controlan para asegurarse de que estén sanos.

Tiempo libre

Los astronautas trabajan mucho, pero también necesitan un tiempo para relajarse. Su horario incluye tiempo libre todos los días. Los astronautas también tienen fines de semana libres. En su tiempo libre, leen libros, miran películas, juegan a juegos de mesa o usan las computadoras para hablar con su familia en la Tierra.

Uno de los pasatiempos más comunes es simplemente sentarse a mirar por la ventana. Los astronautas tienen un asiento en primera fila para disfrutar las vistas más espectaculares de la Tierra y el espacio. ¡Muy pocas personas pueden contemplarlas!

Los astronautas Anton Shkaplerov y Daniel Burbank tocan música en su tiempo libre.

La falta de gravedad en el espacio lleva la sangre hacia la cabeza y el pecho. Eso hace que a los astronautas se les hinche la cara y les cause dolores de cabeza.

A la Tierra y más allá

Es genial vivir y trabajar en el espacio, pero a veces no hay como el hogar. Por lo general, los astronautas pasan seis meses seguidos en el espacio. Cuando vuelven a la Tierra, deben acostumbrarse a algunas cosas, sobre todo a la gravedad. Han vivido sin gravedad durante meses, así que deben readaptarse a la presión que ejerce la gravedad en su cuerpo. Les lleva un tiempo volver a aprender a caminar, pararse y sujetar objetos.

Los astronautas hacen grandes sacrificios para ir al espacio. Están lejos de su familia durante mucho tiempo. Viven en un espacio estrecho con muchas otras personas. Y arriesgan la vida todos los días. Pero los astronautas están dispuestos a hacer esos sacrificios para explorar nuevas fronteras en el espacio.

Las personas que viven y trabajan a bordo de la EEI abren el camino para futuras exploraciones espaciales. La NASA planea enviar seres humanos aún más lejos en el espacio. Podría enviar a los primeros seres humanos a un asteroide en el año 2025. En el año 2030, podrían aterrizar las primeras personas en Marte. Todo lo que los científicos aprenden de los astronautas que viven y trabajan en el espacio ayuda a que ese sueño se haga realidad.

La nave espacial Soyuz TMA21 regresa a salvo a la Tierra en el año 2011.

El comandante de la NASA Randy Bresnik celebra su regreso a la Tierra.

Esta imagen muestra cómo podrían ser los viajes espaciales en el futuro.

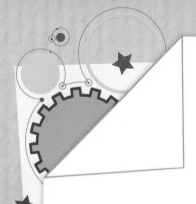

DESAFÍO DE CTIAM

Define el problema

¡Las condiciones en el espacio son muy diferentes a las de la Tierra! Los científicos y los ingenieros han desarrollado herramientas y equipos para ayudar a los astronautas a vivir y trabajar en el espacio. En algunos experimentos, los astronautas recogen muestras durante las caminatas espaciales. Tu tarea es diseñar y construir una herramienta especializada que mejore la vida diaria de los astronautas en condiciones de microgravedad.

 Limitaciones: Tu herramienta no debe tener más de 30 cm (12 in) de largo.

 Criterios: Para probar tu diseño, pídele a un amigo que lo use.

Investiga y piensa ideas

¿Por qué las condiciones que existen en el espacio son diferentes de las que hay en la Tierra? ¿Cuáles son algunos ejemplos de herramientas y equipos que ayudan a los astronautas a adaptarse a la vida en el espacio?

Diseña y construye

Bosqueja un diseño de tu herramienta. ¿Qué propósito cumplirá cada parte? ¿Cuáles son los materiales que mejor funcionarán? Construye el modelo.

Prueba y mejora

Demuestra cómo funciona tu herramienta. ¿Qué cambios podrías hacerle a tu herramienta para que funcione mejor? Modifica tu diseño y vuelve a intentarlo.

Reflexiona y comparte

¿Qué otros materiales puedes usar para construir esta nueva herramienta? ¿De qué manera tu herramienta les facilitará la vida a los astronautas en el espacio? ¿Qué otros tipos de herramientas podrían ser útiles para los astronautas que viven y trabajan en el espacio?

Glosario

aspirantes: personas que son consideradas para un empleo

asteroide: un objeto rocoso pequeño que orbita alrededor del Sol

caminatas espaciales: actividades que realizan los astronautas fuera de la nave espacial

codiciado: muy deseado

consumirse: comerse

deshidratadas: describe cosas a las que les han quitado toda el agua

electrólisis: el proceso de separar un líquido en sus diferentes partes químicas haciendo pasar una corriente eléctrica por el líquido

espaciosa: que tiene mucho espacio

flotabilidad: la capacidad de flotar en el agua o el aire

hormona: una sustancia natural producida por el cuerpo, que influye en la manera en que el cuerpo crece o se desarrolla

microgravedad: un nivel muy bajo de gravedad

nitrógeno: un gas que compone gran parte del aire que hay en la Tierra

oxígeno: un gas necesario para la vida

programadas: hechas para comportarse de una manera determinada

radiación: una forma de energía potente y peligrosa que es emitida por sustancias radiactivas y reacciones nucleares

recicla: procesa algo para reutilizarlo

reducidos: muy pequeños

vacío: ausencia total de materia

Índice

¿Quieres trabajar en la industria espacial?
Estos son algunos consejos para empezar.

"Antes de ser educador en el Museo del Aire y el Espacio, fui maestro. En la escuela estudié CTIAM, pero también inglés y comunicaciones. ¡Esas asignaturas me ayudaron a enseñarles a las personas cómo es la vida en el espacio!". —*Marty Kelsey, presentador de* STEM in 30

"Estudia tantos temas diferentes como puedas. Yo estudié las asignaturas CTIAM, pero también aprendí todo lo que pude sobre varios temas. Leí sobre astronomía, física, inglés e historia europea para hacer mi trabajo. La historia del espacio está llena de pasión y entusiasmo. ¡Descubre lo que te gusta estudiar y podrás hacer cualquier cosa a la que le dediques el corazón y la mente!".
—*Peter L. Jakab, curador principal*